自宅が10分で居酒屋に!

魔女っこれいの絶品おつまみレシピ

魔女っこれい

はじめに

はじめまして。主に酒と料理に関して日々Twitterで呟いております「魔女っこれい」と申します。

仲良しの飲み友から、飲み友の編集者を紹介され「そんなに酒が好きなら、酒飲みのための本を作ろう」と言われたことがきっかけとなり、初めてのレシピ本の出版に至りました。
自分の好きな料理の話、酒の話を一冊にまとめて、どこかのあなたに読んでいただける。なんて喜ばしい出来事なんでしょうか。ここで、一生分の運を全て使い切った気がしています。

料理と酒と同じくらい好きなものが、もう一つあります。
それは“居酒屋”です。
お気に入りの居酒屋のおつまみは、野菜やお肉やお刺身とバラエティーに富んでいて、食材が自然のままに近いのに、一口食べると驚きと感動に満ちあふれます。

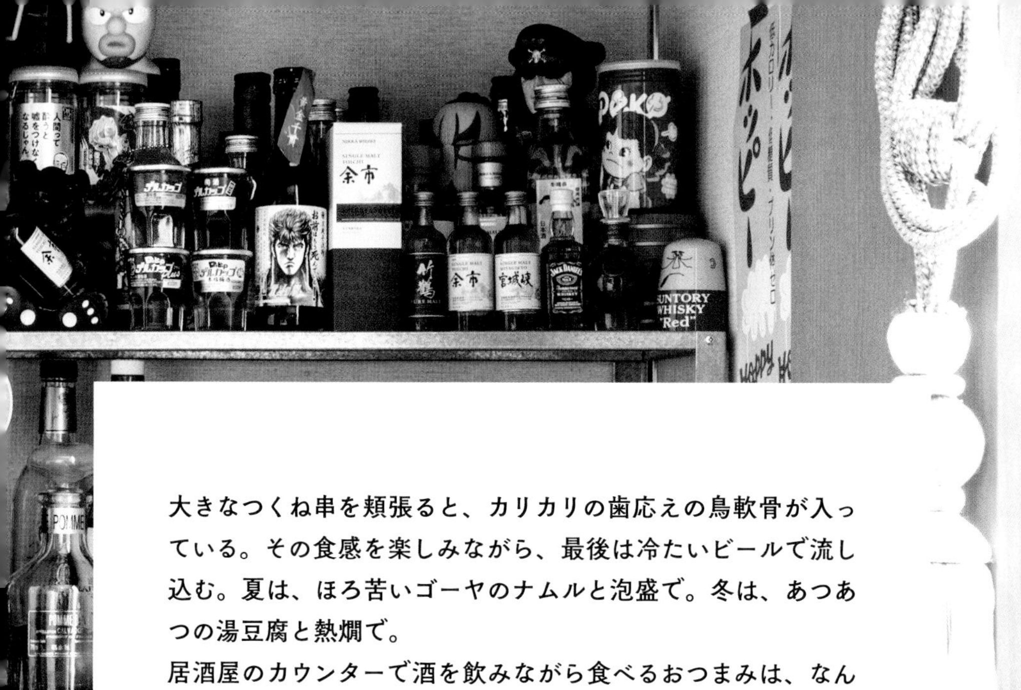

大きなつくね串を頬張ると、カリカリの歯応えの鳥軟骨が入っている。その食感を楽しみながら、最後は冷たいビールで流し込む。夏は、ほろ苦いゴーヤのナムルと泡盛で。冬は、あつあつの湯豆腐と熱燗で。
居酒屋のカウンターで酒を飲みながら食べるおつまみは、なんであんなにおいしいのでしょう。

この本には、私が自宅に作った立ち飲みスペースで食べている、ほろ酔い気分で作れる簡単なおつまみから、おしゃれな居酒屋で出てくるような本格的なおつまみまで、さまざまなレシピをまとめました。準備や調理に時間がかからないのに、お店で飲んでいるときの高揚感を少しでも味わえるような、宅飲みレシピの決定版です。

ビールはもちろん、焼酎やワイン。好きな一杯を片手に用意して、おいしいおつまみを食べて、今日も楽しい夜をお過ごし下さい！

Majyokko Rei's
AWESOME IZAKAYA RECIPES

CONTENTS

【この本の決まり】
- 材料は特に記載のない限り「1～2人分」を基本にしています。
- 小さじ1＝5ml、大さじ1＝15mlです。
- 電子レンジは600Wのものを使用しています。500Wの場合は1.2倍の時間を目安に加熱してください。
- 電子レンジ、オーブン、トースターで加熱する時間はメーカーや機種によっても異なりますので、様子を見て加減してください。また、加熱する際は、付属の説明書に従って、耐熱の器やボウルなどを使用してください。

05
足立市場のお魚レシピ

06
野菜をバリバリ食べるレシピ

07
そろそろシメたい炭水化物レシピ

08
二日酔いの朝にはみそ汁を

COLUMN

Majyokko Rei's
AWESOME IZAKAYA RECIPES

01

魔女っこれいの
ベストレシピ

マッシュルーム カルパッチョ

最短3分でできる

何度作ったかわからない。
生ハムを入れてもおいしいよ〜

Rei's comment

材料

マッシュルーム …1〜2個

玉ねぎ（みじん切り）
パセリ（みじん切り）
粉チーズ
レモンの皮
バルサミコ酢
オリーブオイル
塩
粗びき黒コショウ …各少々

作り方

a
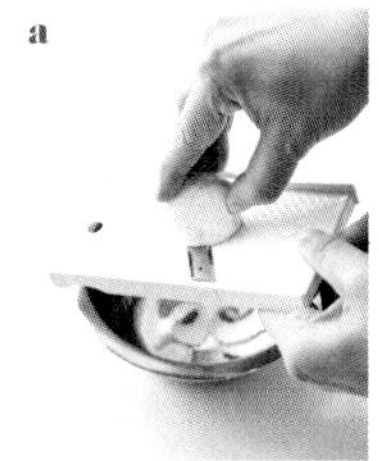
実は生食できるマッシュルーム。新鮮なものが◎

b
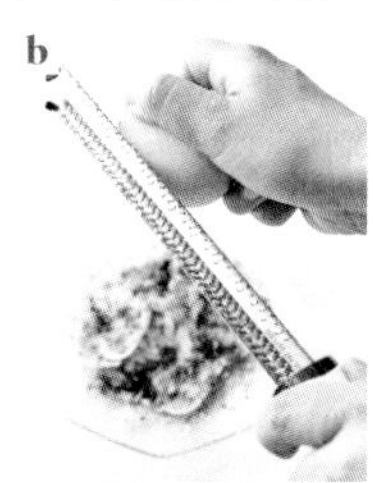
皮を使うレシピは国産レモンが安心です

1 下ごしらえ
マッシュルームはスライサーで薄くスライスして皿に並べ、塩を振ってオリーブオイルを回しかける。

2 トッピング
玉ねぎ、パセリ、粉チーズ、粗びき黒コショウを散らし、レモンの皮をすりおろす。

3 仕上げ
バルサミコ酢を少量垂らす。

コスパ◎の頻出つまみ

大根豚ロース巻き

Rei's comment

大根が口の中でジュワ〜
お弁当にもぴったり

材料（4個分）

豚ロース肉（薄切り）…4枚
大根…5cm

塩・コショウ …少々
薄力粉…適量
サラダ油…大さじ1

酒…大さじ2
みりん…大さじ2
醤油…大さじ1

かいわれ大根…適量

作り方

1 下ごしらえ
大根は皮を厚めにむいて2等分の輪切りにし、さらに半月切りにする。耐熱容器に水（分量外・大さじ3）とともに入れてラップをかけ、600Wの電子レンジで5分加熱する。

2 巻く
大根がやわらかくなったら水気を拭き取り、豚ロース肉を巻きつけ、両面に塩・コショウを振り、薄力粉をまぶす。

3 焼く
フライパンにサラダ油をひいて弱火で熱し、**2**の両面を焼く。肉に焼き色がついたら酒、みりん、醤油を加えて、中火で焼き絡める。

4 盛り付け
汁気がある程度煮詰まったら、皿に盛り、かいわれ大根を添える。

a

焼くときは肉の巻き終わりを下にします

b

タレを入れたあとは焦げやすいので注意

行列ハンバーグ

累計8万いいね！失敗知らず

材料（2個分）

合いびき肉 200g
豚バラ肉（薄切り・粗みじん切り）…2枚
玉ねぎ（みじん切り）…1/4個
卵…1個　白みそ…大さじ1　ごま油…大さじ1
塩…小さじ1/3　粗びき黒コショウ…少々

サラダ油…大さじ1

ポン酢ソース

玉ねぎ（みじん切り）、大葉（千切り）、
ポン酢…各適量

作り方

1　こねる
ボウルに合いびき肉と塩を入れ、粘り気が出るまでよくこねる。白っぽくなったら玉ねぎ、卵、白みそ、ごま油、粗びき黒コショウを入れてよく混ぜ、二等分する。

2　成形
1の中央に豚バラ肉をのせて包み、空気を抜いて成形し、冷蔵庫に入れて30分寝かせる。

3　焼く
フライパンにサラダ油をひいて強火で熱し、**2**の表面をさっと焼き、焼き色がついたら火を止める。

4　蒸す
3をアルミホイルで包み、蒸し器に移して蓋を閉め、中火で10分蒸す。10分経ったら火を消して余熱で5分ほど休ませる。

5　仕上げ
ポン酢ソースの材料を混ぜ、**4**にかけていただく。

a

手の温度で肉の脂が溶けないよう素早く包む

b

蒸し器の代わりに水を張った小鍋とざるを使っても◎

Rei's comment

豚バラ肉を詰めるのがミソ。ただの
アパートにも行列が出来かねない

貧乏人のパスタ

卵、にんにく、粉チーズがあればOK

材料（1人分）

卵…2個
パスタ…100g
オリーブオイル…大さじ1
おろしにんにく…少々
粉チーズ …少々

オリーブオイル（仕上げ用）…少々
粗びき黒コショウ…少々

作り方

1 茹でる
塩（分量外）を入れた湯でパスタをアルデンテに茹でる。

2 焼く
フライパンにオリーブオイルとおろしにんにくを入れ、中火で熱して卵を割り入れ、目玉焼きを作る。片面を焼いたらひとつは取り出し、残りは両面を焼く。

3 ソース作り
2にパスタの茹で汁（分量外・お玉2杯分）とおろしにんにくを加え、木べらでくずす。

4 和える
茹で上がったパスタと粉チーズを加えてよく和えたら、火を止める。

5 盛り付け
皿に盛って取っておいた目玉焼きをのせ、粉チーズと粗びき黒コショウをかける。
※ 37Pのにんにくオイルを使うとよりおいしくなります。

a 黄身が半熟状のうちに粗めにくずします

b チーズは削りたてを使うと格別の仕上がりに！

Rei's comment
イタリア語ではスパゲティ・デル・ポヴェレッロ。侮れないおいしさ

桃をぜいたくに使っちゃえ

桃と生ハムの冷たいパスタ

Rei's comment

塩とオリーブオイルでも十分だけど、
チャービルやディルがあるとなお良し

材料（1人分）

桃…1個
トマト（粗みじん切り）…1個
生ハム…3〜4枚
イタリアンパセリ（みじん切り）…少々
塩…少々
オリーブオイル…大さじ2
パスタ…100g

粗びき黒コショウ
オリーブオイル…各適量

作り方

1 下ごしらえ
桃は半分は一口大に切り、残りはフォークなどで潰す。

2 茹でる
塩（分量外）を入れた湯でパスタを規定時間通りに茹で、氷水でしっかり冷やす。

3 和える
ボウルに**1**の潰した桃、トマト、イタリアンパセリ、塩、オリーブオイルを入れて混ぜ、水気を切った**2**を加えてよく和える。

4 盛り付け
皿に盛ってカットした桃と生ハムをのせ、粗びき黒コショウをかけて、オリーブオイルを回しかける。

a
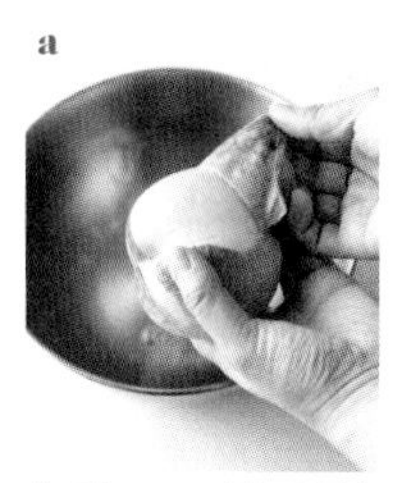
桃は包丁で一周切れ目を入れて湯むきする

b

桃を具材にもソースにも使ったぜいたくな一皿

パンケーキ

絵本の一ページのよう

材料（14cmフライパン、1枚分）

ホットケーキミックス…150g
炭酸水…150ml
マヨネーズ…大さじ2
卵…1個

サラダ油…少々　粉砂糖…少々

作り方

1 混ぜる
ボウルに卵を割り入れて溶きほぐし、マヨネーズと炭酸水を加えて混ぜ合わせる。ふわふわに泡立ったらホットケーキミックスを加え、気泡を潰さないように、粉っぽさが少し残る程度に混ぜ合わせる。

2 焼く
内側にうすくサラダ油を塗ったフライパンを弱火で温め、**1**を流し入れる。蓋を閉めて3分焼く。皿などをかぶせてひっくり返し、裏面を2分焼く。

3 盛り付け
中まで火が通ったら皿にのせ、粉砂糖を振りかける。

Rei's comment
軽い食感なのでフルーツやサワークリームも合うよ

POINT きれいな焼き色のところで取り出し、電子レンジで加熱しても◎

カスタードのようにとろける

バナナボンボン

POINT
よく熟れたバナナを使うと、揚げたときにトロトロになって美味

Rei's comment
母がよく作ってくれた謎のおやつ。甘さ控えめなのでおつまみに！

材料

ホットケーキミックス…150g
牛乳…100ml
卵…1個

バナナ（一口大）…2本
揚げ油…適量

グラニュー糖やシナモン…お好みで

作り方

1 混ぜる
ボウルに卵を割り入れて溶きほぐし、牛乳とホットケーキミックスを加えて混ぜ合わせる。

2 揚げる
揚げ油を170℃に熱し、バナナに**1**を絡めて揚げる。

3 盛り付け
きつね色になるまで揚げたら網などに取って油を切る。お好みでシナモンやグラニュー糖をかける。

01. コーヒー豆

材料

コーヒー豆
…大さじ1〜2杯
焼酎…適量

作り方

1 煮沸消毒した手のひらサイズの瓶にコーヒー豆と、ひたひたに浸かるくらいの焼酎を入れる（コーヒー豆をアールグレイの紅茶に置き換えても◎）。
2 時々瓶を回し、1〜3週間ほど漬ける。

02. いちごウイスキー

材料

いちご…10個
氷砂糖…20g
ウイスキー…適量

作り方

1 いちごは洗ってヘタを取り、一度冷凍する。
2 煮沸消毒した瓶に1、氷砂糖、ウイスキーを入れて密閉する。
3 時々瓶を回し、ウイスキーがピンク色になるまで1週間ほど漬ける。

03. にんにく唐辛子

材料

にんにく
唐辛子
ウォッカ…各適量

作り方

1 丸ごとのにんにくを皮がついたまま1分茹で、水気を切って横半分に切る。
2 煮沸消毒した瓶に1、唐辛子、ウォッカを入れて密閉する。
3 時々瓶を回し、3週間ほど漬ける。

column なんでも漬け込むけど、酒に漬けるのは格別

10万RTの「いちごウイスキー」をはじめ、常備している漬け込み酒たち

家飲みをもっとワクワクする楽しい時間にしたい方は、季節の果物やスパイス、コーヒー豆を使って作る「漬け込み酒」に挑戦してみるのはいかがですか？
漬け込み酒に失敗はありません。自由な発想でオリジナルの一杯を簡単に作れます。飲み頃になるまで待つ時間もまた乙なものです。
注意点は二つ。作りたいお酒の量の倍くらいの容量が入る瓶を用意すること、使用する瓶は煮沸消毒して、完全に乾燥させること。あとは漬け込みたいものを考えて、アルコール度数が20%以上のお酒を用意するだけです。クセのないクリアなお酒、ホワイトリカーや麦焼酎がおすすめですが、芋焼酎やウイスキーもどんな仕上がりになるか楽しみですね。

04. 実山椒

材料

実山椒
山椒の葉
芋焼酎…各適量

作り方

1 沸騰した湯で実山椒を1分茹で、ザルにあげて完全に乾かす。
2 煮沸消毒した瓶に1、山椒の葉、芋焼酎を入れて密閉する。
3 時々瓶を回し、1週間ほど漬ける。

05. レモンとシナモン

材料

レモン、角砂糖
シナモンスティック
ホワイトリカー…各適量

作り方

1 レモンは厚めの輪切りにし、皮の部分をカットする。
※白い部分が多いほど苦味が出るのでお好みで調整する
2 煮沸消毒した瓶に1、角砂糖（レモン10に対して3程度）、シナモンスティック（レモン1〜2個につき1本程度）、ホワイトリカーを入れて密閉する。
3 時々瓶を回し、3週間〜1ヶ月ほど漬ける。

06. 梅

材料

青梅
氷砂糖
ホワイトリカー…各適量

作り方

1 煮沸消毒した瓶にヘタを取った梅、氷砂糖（梅100に対して20〜40g）、ホワイトリカーを入れて密閉する。
2 時々瓶を回し、3ヶ月ほど漬ける。1年経ったら梅の実は取り出す。

※酒税法により、家庭で漬け込み酒を作る場合はアルコール度数が20%以上の蒸留酒を使ってください。ぶどうややまぶどうの漬け込みは禁止されています。詳しくは国税庁のホームページを参照してください。

Majyokko Rei's
AWESOME IZAKAYA RECIPES

02

最強の
おつまみレシピ

ゴーヤのとんぺい焼き

苦さひかえめ

Rei's comment

酒飲みにはありがたい、
野菜たくさんのおつまみ

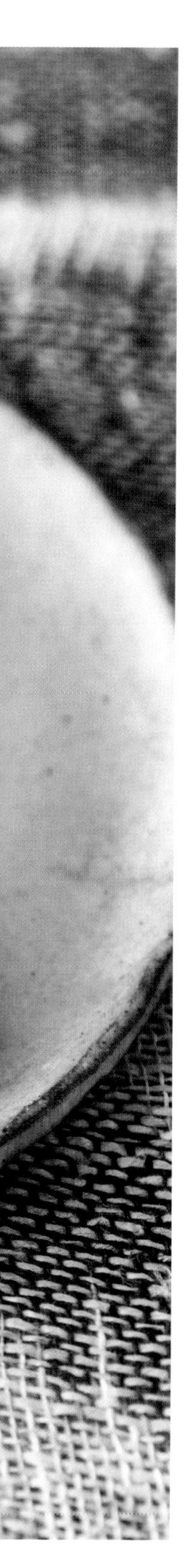

材料

ゴーヤ（7mm幅半月切り）…1/3本
砂糖…少々

豚肉（薄切りならなんでも）…50g
もやし…1/2袋
塩・コショウ…少々
ごま油 …大さじ1

卵…1個
マヨネーズ…大さじ1
サラダ油…大さじ1

ソース
マヨネーズ
青のり…各適量

作り方

1 下ごしらえ
袋にゴーヤと砂糖を入れてよくもみ、冷蔵庫に入れて20分ほどおいたあと水洗いする。

2 炒める
フライパンにごま油をひいて弱火で熱し、豚小間切れ肉を広げて並べる。塩・コショウをふって両面を焼き、肉の色が変わったら水気を切った**1**ともやしを加えてさっと炒め、塩・コショウで味を調えたら、皿などに取り出しておく。

3 包む
ボウルに卵を割り入れ、マヨネーズを加えてよく溶きほぐし、フライパンにサラダ油をひいて中火で熱したところに流し入れる。手早く混ぜて、半熟状になったら**2**をのせて包み、皿にのせる。

4 トッピング
ソースとマヨネーズ、青のりをかける。

POINT
ゴーヤの苦味がお好きな方は厚めに切ってそのまま炒めても◎

飲めるシュウマイ

Rei's comment

ついでに白菜の漬け物も作れちゃう

材料（7個分）

豚ひき肉…150g　むきえび…50g
即席白菜漬…大さじ3　卵豆腐…1/2個
はんぺん…1/2枚　塩・コショウ…少々

シュウマイの皮…7枚　白菜の葉…適量

即席白菜漬（作りやすい分量）

白菜（みじん切り）…1/4個
酢…50ml　塩…小さじ1
鶏がらスープの素…小さじ1

作り方

1 **下ごしらえ**
即席白菜漬を作る。袋に白菜、酢、塩、鶏がらスープの素を入れてよくもみ、しんなりするまで冷蔵庫に入れて漬けておく。

2 **混ぜる**
ボウルに豚ひき肉、卵豆腐、はんぺん、水気を切った1、塩・コショウを入れてよく混ぜる。

3 **包む**
おちょこにシュウマイの皮をひいて2を詰め、むきえびをのせる。

4 **蒸す**
蒸し器に白菜をしきつめて3をのせ、蓋を閉めて中火で10分蒸す。

5 **盛り付け**
蒸したシュウマイと余った白菜を皿に並べる。からし醤油でいただく。

a
おちょこを使うとゆるめのタネでも包みやすい

Rei's comment
エリンギエキスがあふれて
日本酒がすすむよ

リッチな味に化ける

エリンギロースト

POINT
焼きすぎると水分が抜けてしまうので、時間厳守！

材料

エリンギ…2本

すだち
山椒の葉
塩…各適量

作り方

1 焼く
210℃に予熱したオーブンで丸ごとのエリンギを11分焼く。

2 仕上げ
熱いうちにすだちをしぼり、手で割きながら塩や山椒の葉でいただく。

しめじ温玉
きのこと卵の出会い
しめじは茹でると
おいしい
Rei's comment

材料

しめじ…1袋
にんにく（薄切り）…1片
輪切り唐辛子…ひとつまみ
サラダ油…大さじ3
塩…小さじ1/4

温泉卵…1個
パセリ（みじん切り）…少々

作り方

1 茹でる
しめじは石突を取ってほぐし、茹でる。水気を切って皿にのせ、中央に温泉卵をのせる。

2 加熱する
フライパンにサラダ油、にんにく、輪切り唐辛子、塩を入れて弱火で熱し、にんにくがきつね色になったら火を止めて、**1**に回しかける。

3 仕上げ
仕上げにパセリを散らす。

POINT
にんにくと唐辛子は焦げやすいので、冷たい油からじっくり加熱する

小料理屋の味を再現

れんこんの海老はさみ揚げ

材料（4個分）

れんこん…15cm
えび…4尾
片栗粉…大さじ1
おろし生姜…少々
塩・コショウ…少々

氷水…80ml　天ぷら粉…50g

揚げ油　塩　天つゆ…各適量

作り方

1 下ごしらえ
れんこんは皮をむいて8枚分を7㎜幅の輪切りにし、水につけておく。残りはすりおろす。えびは殻をむいて背腸を取り、片栗粉と酒（分量外）でもみ洗いし、水気をよく拭き取る。半量は粗く刻み、残りはペースト状になるまで叩く。

2 混ぜる
ボウルにすりおろしたれんこん、えび、おろし生姜、塩・コショウ、片栗粉を入れて混ぜ合わせたら、4等分して丸く成形する。

3 成形
1の輪切りのれんこんの水気をよく拭き取り、2枚1組にして**2**を挟み、打ち粉（分量外・天ぷら粉）をまぶす。

4 衣を作る
ボウルに天ぷら粉と氷水を混ぜ合わせたら、**3**をくぐらせる。

5 揚げる
170℃の揚げ油で**4**の両面を各2分ほど揚げたら、紙などに取って油を切る。熱いうちに塩や天つゆでいただく。

POINT
揚げ衣には氷水を使い、薄づきにするとサクッと仕上がります

Rei's comment
シャキシャキとぷりぷりの
食感が楽しい

れんこんの梅酢和え

パパッとできて色味もきれい

Rei's comment
夏はさっぱり、そうめんと合わせたい

材料

れんこん…5cm
梅干し（しそ入り）…1個
酢…小さじ1

作り方

1 下ごしらえ
梅干しは叩いて種を取る。

2 茹でる
れんこんは皮をむいてスライサーで薄切りにし、半透明になるまで茹でたら、水にさらす。冷めたらぎゅっと絞って水気を切る。

3 和える
ボウルに全ての材料を入れてさっと和える。

POINT あれば梅酢を使うと、ほんのりピンクに色づいてかわいいです

こんにゃくの佃煮

酒飲みのおばあちゃん直伝

材料

こんにゃく…1枚

みりん…大さじ1
醤油…大さじ1
ごま油…大さじ1
輪切り唐辛子…少々
糸唐辛子…少々

POINT こんにゃくをしっかりと空炒りすると味が染み込みやすくなります

作り方

1 **下ごしらえ**
こんにゃくは手やスプーンで一口大にちぎる。

2 **炒める**
フライパンを中火で熱し、1を入れて5-10分ほど空炒りする。

3 **調味**
水分が飛んだらみりん、醤油、ごま油、輪切り唐辛子を入れて、こんがり焼き色がつくまで炒める。糸唐辛子を添える。

本当にしらたき!?と疑うレベルの

台湾風しらたきまぜそば

ヘルシーなのに背徳の味

しらたきのたらこバター

台湾風しらたきまぜそば

Rei's comment 食べ応え抜群なうえに、罪悪感はなし

材料（1人分）

肉みそ
豚ひき肉…50g
にんにく（みじん切り）…1片
生姜（みじん切り）…1/2片
白ごま、輪切り唐辛子…ひとつまみ
酒…大さじ2
豆板醤…小さじ1
中華だしの素…小さじ1
ごま油…小さじ1

にら（粗みじん切り）…3本
長ねぎ（みじん切り）…5cm
刻みのり…少々　卵黄 1個

しらたき（アク抜き不要のもの）
…200g
バター…10g　醤油…少々

POINT しらたきはしっかり空炒りするともっちり食感に、食べ応えもアップします

作り方

1 炒める
肉みそを作る。フライパンにごま油、にんにく、生姜、輪切り唐辛子を入れて弱火で熱する。香りが立ったら豚ひき肉と酒を加えて、肉をほぐしながら中火で炒め、白ごま、豆板醤、中華だしの素を加えてさらに炒め、火を止める。

2 炒める
別のフライパンを中火で熱し、しらたきを入れて10分ほど空炒りする。水分が飛んだらバターと醤油を加えてさっと炒め合わせる。

3 盛り付け
皿に2を入れて1、にら、長ねぎ、刻みのりをのせる。中央に卵黄をのせ、混ぜながらいただく。

しらたきのたらこバター

Rei's comment ワインに合うよ

材料（1人分）

しらたき（アク抜き不要のもの）
…100g
たらこ…1/2腹
バター…10g
醤油…少々

ブルーチーズ…少々

POINT たらこを加えたら火が入りすぎないように手早く混ぜます。明太子でも◎

作り方

1 下ごしらえ
たらこは皮を除いてほぐしておく。

2 炒める
フライパンを中火で熱し、しらたきを入れて10分ほど空炒りする。水分が飛んだら火を止め、バター、醤油、1を加えて余熱でさっと混ぜ合わせる。

3 盛り付け
器に盛ってブルーチーズをのせる。

湯豆腐&自家製土佐しょうゆ

いつもの味をランクアップ

湯豆腐

Rei's comment 36Pのたまごドレッシングで食べるのもおすすめ

材料（1人分）

絹ごし豆腐…1/2丁
昆布…1～2枚
水…適量

\!/ POINT 昆布はぬめりが出てしまうので、沸騰させないように気をつける

作り方

1 温める
鍋に水と昆布を入れて弱火で熱する。

2 仕上げ
沸騰直前で絹ごし豆腐を入れて、豆腐が温まったらお好みの調味料でいただく。

自家製土佐しょうゆ

材料

醤油 …150ml
みりん…50ml
鰹節（厚削り）…適量

\!/ POINT だしのうま味が詰まった醤油は、卵かけご飯やチャーハンに使っても◎

作り方

1 温める
小鍋に全ての材料を入れて弱火で熱する。

2 冷ます
ひと煮立ちしたら火を止め、粗熱が取れたら保存容器に入れて冷蔵庫で保存する。

卵ドレッシング

材料

出汁醤油…大さじ2
長ねぎ（小口切り）…大さじ1
卵黄…1個
鰹節…適量
すりごま…適量

作り方

全ての材料を混ぜ合わせる。

Rei's comment
焼酎や日本酒が合う料理によく使います。湯豆腐、水炊き鍋のタレにすると絶品。蒸し鶏のソースや、茹でた鱈なんかにも合います。

column

あなたの店の☆を一つ増やす㊙液体

基本は“混ぜるだけ”。あら不思議、お店の味わいに

バルサミコソース

材料

オリーブオイル…大さじ2
バルサミコ酢…大さじ1
醤油…小さじ2
塩…少々
粗びき黒コショウ…少々

作り方

全ての材料を混ぜ合わせる。

Rei's comment
ワインを飲みたい日は、このソースがおすすめ！サラダにはもちろん、お刺身に回しかければ即カルパッチョの完成です。

にんにくオイル

材料

にんにく（薄切り）…適量
ローズマリー…適量
オリーブオイル…適量

作り方

全ての材料を小鍋に入れて弱火で加熱し、香りが立ったら火を止める。

Rei's comment **イタリアンを食べたい気分の日に、とりあえず作っておくとなにかと便利です。パスタのソースに、スープの仕上げに使えます。**

高い食材や珍しい調味料をそろえなくても、居酒屋やレストランで食べた"あの味"に近づける方法があります。それはお家で作る「魔法の自家製ソース」！
スーパーで手に入るもので簡単に作れて、あなたの料理をぐっと格上げしてくれる4種を紹介します。ご覧の通り、手順もかなりシンプル。
今夜のおつまみはどうしよう？と迷ったら、まずはソースから考えてみるのはどうですか。お手製のソースを使ったサラダやパスタ、炒飯や炒め物の味わいは格別。アイデア次第で可能性は無限に広がります。

にんにくしょうゆ

材料

にんにく（粗みじん切り）…1片
唐辛子…1本
醤油…大さじ3
みりん…小さじ1
砂糖…小さじ1

作り方

全ての材料を小鍋に入れて弱火で加熱し、香りが立ったら火を止める。

Rei's comment **ビールを楽しみたい時には、にんにくの効いたこのソースが鉄板。肉を焼いても良し、野菜を焼いても良し。シメにはにんにく炒飯が作れます。**

Majyokko Rei's
AWESOME IZAKAYA RECIPES

03

急な来客にも喜ばれる
バル風レシピ

じんわりうま味が広がる

マッシュルームのスープ

いろんな貝で試してみて
牡蠣もおいしいよ

Rei's comment

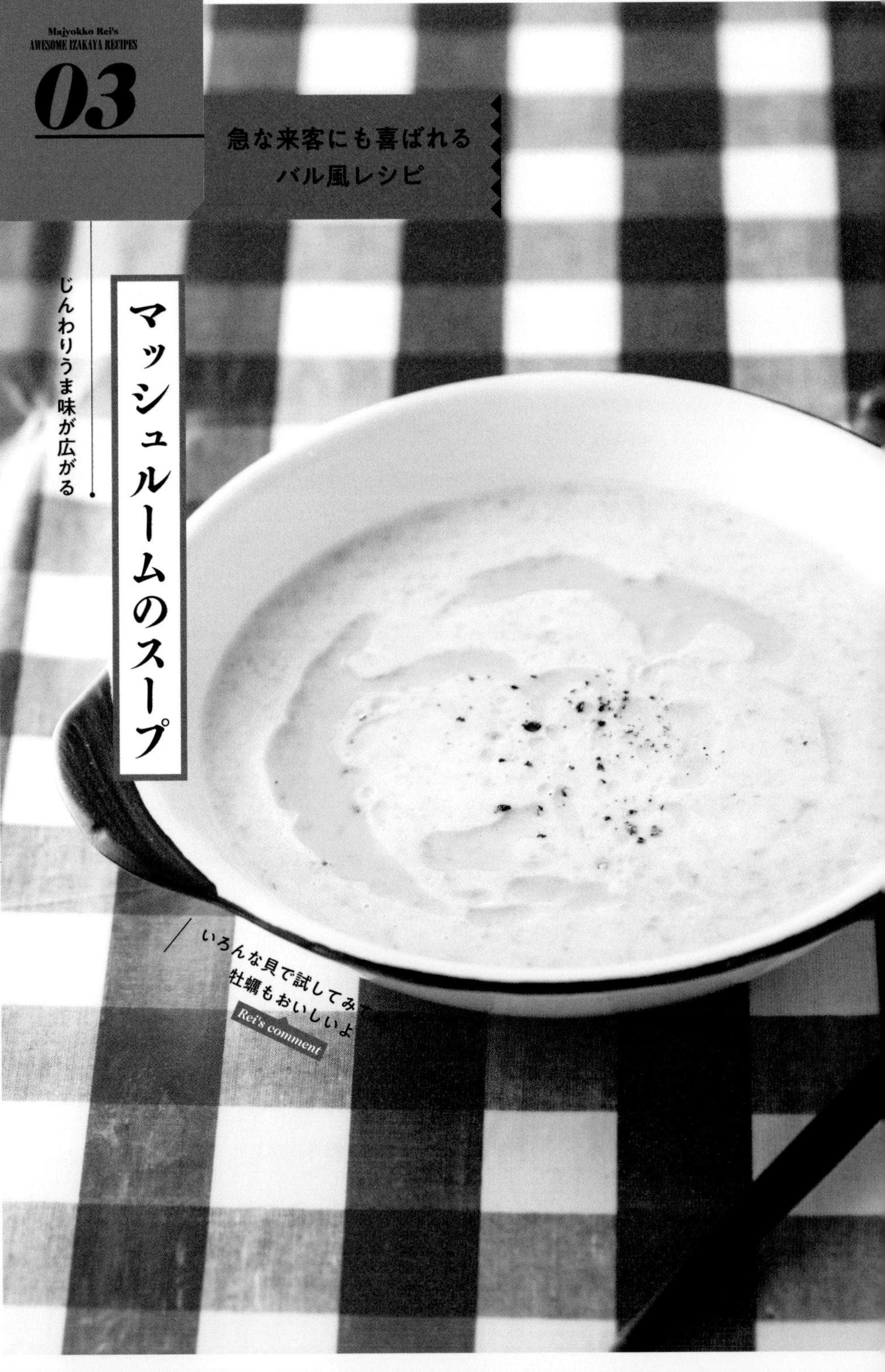

材料

ホタテ水煮缶…1缶
マッシュルーム（石突を取る）…10個
玉ねぎ（薄切り）…1/2個
牛乳…500ml
オリーブオイル…大さじ1
コンソメスープの素…5g
塩…少々

オリーブオイル
粗びき黒コショウ… 各少々

作り方

1 炒める
鍋にオリーブオイルと玉ねぎを入れて弱火で炒める。玉ねぎがしんなりしてきたらマッシュルームを加えてさっと炒める。

2 煮る
牛乳、ホタテ水煮缶（汁ごと）、コンソメスープの素を加えて弱火で10分煮る。

3 攪拌する
ミキサーでなめらかになるまで攪拌したら塩で味を調える。

4 盛り付け
器に注いで粗びき黒コショウをかけ、オリーブオイルを回しかける。

POINT
玉ねぎが焦げないように、弱火でじっくり炒め甘みを引き出します

きのこなのに肉々しい

エリンギのフリッター

材料

エリンギ（一口大に切る）…1〜2本
ブロッコリー（小房に分ける）…1/4株
カットレモン…お好みで

薄力粉…大さじ1
片栗粉…大さじ1
塩…少々
粗びき黒コショウ…少々

揚げ油…適量

作り方

1 揚げる
揚げ油を170℃に熱し、ブロッコリーを素揚げする。きつね色に揚がったら紙などに取って油を切り、熱いうちに塩（分量外）を振っておく。

2 まぶす
袋に薄力粉、片栗粉、塩、粗びき黒コショウを入れて混ぜ合わせ、エリンギを入れる。空気を含ませて口を縛り、シャカシャカと振って衣をまぶす。

3 揚げる
170℃の揚げ油でさっと揚げ、紙などにとって油を切る。熱いうちに塩（分量外）を振る。

4 盛り付け
皿に**1**と**3**を盛り合わせる。お好みでレモンをしぼっていただく。

POINT

ブロッコリーは長めに、エリンギはさっと揚げる

Rei's comment
ビールの
じゃない

前菜にぴったり

シャインマスカットの白和え

Rei's comment

柿やイチゴなど、ほかのフルーツでもおいしい

材料（2〜3人分）

シャインマスカット…8粒
木綿豆腐…1/2丁
マスカルポーネチーズ…大さじ1
白みそ…小さじ2
白すりごま…少々
塩…少々

作り方

1 下ごしらえ
木綿豆腐はキッチンペーパーに包み、冷蔵庫に一晩入れて水切りする。

2 混ぜる
ボウルに**1**を入れてゴムベラでなめらかになるまで潰し、マスカルポーネチーズ、白みそ、白すりごま、塩を加えてよく混ぜる。

3 和える
半分に切ったシャインマスカットを加えてざっくりと和え、皿に盛る。

POINT
木綿豆腐はしっかりと水切りをすることで濃厚な味わいに

にんじんとレーズンのラペ

材料

にんじん…1本
パセリ（みじん切り）…大さじ1
レーズン…大さじ1

粒マスタード…大さじ2
オリーブオイル…大さじ1
砂糖…大さじ1

作り方

1 塩もみ
にんじんはスライサーで千切りにし、塩（分量外・少々）でもんで出てきた水分を絞る。

2 和える
ボウルに全ての材料を入れて混ぜ合わせる。

にんじんと梅干しのジュース

材料

水…250ml
にんじん…1/2本
りんご…1/2個
梅干し（種を取る）…1個
砂糖…大さじ2

作り方

1 ミキサー
全ての材料をミキサーで攪拌する。

POINT どちらもクミンやカルダモンなど、スパイスとの相性ばっちり

材料

にんじん…1/2本
水…200ml
生クリーム…50ml
砂糖…大さじ3
レモン果汁…大さじ2

POINT こまめにもむことでなめらかな舌ざわりになります

作り方

1 下ごしらえ
にんじんは皮をむいてすりおろす。

2 煮る
小鍋に**1**、水、砂糖、レモン果汁を入れて中火にかけ、ひと煮立ちしたら火からおろす。

3 混ぜる
粗熱が取れたら生クリームを加えてよく混ぜ、チャック付きの袋に流し入れる。

4 冷凍
冷凍庫に入れて、6時間以上凍らせる。時々取り出してもむ。

column

好きな酒選手権

Favorite Alcohol Championship

白玉焼酎

初めてこの瓶を見たのは居酒屋で。なんて美しいラベルなのだろう、鳳凰かな。かわいい！と思いました。白玉焼酎は、さとうきび糖蜜を原料に連続式蒸留方式で蒸留された純粋な焼酎を、清酒の仕込み水で割り水した甲類焼酎。クリアでスッキリとした味わいは、水割りはもちろんカクテルにも使えます。私は漬け込み酒を作るのが好きですね。シンプルで、漬け込んだものの味を引き立ててくれます。

お茶割り

愛してやまない宝焼酎の缶チューハイは、新しいものが販売されるたびに買っています。どれを試しても間違いがないんです。個人的に、甘すぎるお酒は飲み疲れしてしまうのですが、宝焼酎の缶チューハイはずっと飲んでいられます。なかでも一番のお気に入りはこのお茶割り。粉っぽいお茶割りもいいのですが、これは茶葉の香りがしっかりしつつも口に残らないので、どんな食べ物とも相性抜群です。何本でも飲みたい！

ジャパニーズジン

バーに行ったらよく頼むジントニック。緑茶やラベンダーを使用したジャパニーズジンで作るジントニックは、一品のご馳走のよう。翠は一本700mlで1500円ほどと低価格にもかかわらず、香り豊かでおいしい。日本の食卓に馴染みの深い柚子、緑茶、生姜の3つの和素材が入っていて、居酒屋風のおつまみとも相性ばっちりです。

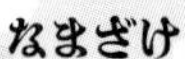

なまざけ

生酒とは、60度以上の加熱処理を一切しないしぼりたての香味を楽しむ酒のこと。鮮度感がポイントなので、開栓後は冷蔵庫で冷やして早めに飲みきります。酒蔵によっては、春夏秋冬と限定の生酒を発売することもあります。オリジナルのラベルとフレッシュな味から、日本の四季を感じられて楽しいですよ。

シャリキン

まろやかな味わいで老若男女から人気のキンミヤ。氷を入れずに作る「三冷シャリキンホッピー」を飲んだら、もう常温の焼酎には戻れない。作り方は、ホッピーとグラスを冷蔵庫で冷やし、そこに冷凍したシャリキン。冷蔵庫に入れてもカチカチに硬くならずにシャリシャリ。溶けてもホッピーの味が薄まりません。

Majyokko Rei's
AWESOME IZAKAYA RECIPES

04

ヘルシー意識の
お肉レシピ

酒が飲める鍋

大根と豚肉のしゃぶしゃぶ

Rei's comment

シンプルだけどとても
おいしい！シメの麺がまたうまい

材料

豚肉（しゃぶしゃぶ用）…100g
大根… 1/4本

しゃぶしゃぶ鍋つゆ
にんにく（薄切り）…3片
にら（粗みじん切り）…5本
水…500ml
うすくち醤油…大さじ3
みりん…大さじ2

作り方

1 下ごしらえ
大根は皮をむいてピーラーで薄くスライスする。

2 煮る
鍋にしゃぶしゃぶ鍋つゆの材料を入れて中火にかけ、ひと煮立ちさせたら、豚肉と1をくぐらせていただく。

POINT
シメは中華麺を入れてラーメンがおすすめです

ゴーヤの肉詰め

ジューシーな素材の新食感

ゴーヤがシャキシャキ！
見た目以上においしいです
Rei's comment

材料

ゴーヤ…1/2本

肉だね
合いびき肉…150g
卵…1個
みそ…小さじ1
塩…少々
粗びき黒コショウ…少々

薄力粉…適量
サラダ油…大さじ2

酒…大さじ2　みりん…大さじ1　醤油…大さじ1

白ごま…少々

作り方

1 下ごしらえ
ゴーヤは1cm幅の輪切りにし、白いワタをくり抜く。

2 成形
ボウルに肉だねの材料を入れ、よく混ぜて**1**に詰め、両面に薄力粉をまぶす。

3 焼く
フライパンにサラダ油をひいて中火で熱し、**2**の両面を焼く。焼き色がついたら蓋をしめて弱火で3分蒸し焼きにする。

4 味つけ
肉に火が通ったら酒、みりん、醤油を加え、焼き絡めながら水分を飛ばす。

5 盛り付け
皿に並べて白ごまをかける。

POINT
ゴーヤの食感を残すため、加熱しすぎには注意

豚肉をさっぱりいただく

ウンパイロー
おろしきゅうり添え

材料

豚バラ肉（ブロック）…300g
長ねぎ（青い部分）…1本分
にんにく…1片
生姜（薄切り）…2枚
酒…大さじ1

きゅうり…1本

たれ

長ねぎ（粗みじん切り）…10cm
おろしにんにく
おろし生姜
酢
醤油
豆板醤
ごま油…各適量

作り方

1 煮る
鍋に豚バラ肉、長ねぎ、にんにく、生姜、酒を入れ、かぶるくらいの水を注いで中火にかける。ひと煮立ちしたら弱火にし、アクを取りながら30分煮る。火が通ったら好みの厚さに切り分け、皿に並べる。

2 盛り付け
きゅうりをおろして水気を絞り、1にのせる。

3 仕上げ
たれの材料を混ぜ合わせてかける。

POINT
豚肉の煮汁は捨てないで！スープやカレーを作ると美味

Rei's comment

きゅうりは薄切りが定番ですが、おろしは食べやすくておすすめ

白菜のベーコンはさみ焼き

白菜をたっぷりめしあがれ

材料

白菜…1/4個
厚切りベーコン…2枚

シーザー風ドレッシング
ヨーグルト（無糖）…大さじ3
粉チーズ…大さじ1
粒マスタード…大さじ1
おろしにんにく…小さじ1
塩…少々
粗びき黒コショウ…少々

パセリ（みじん切り）…少々

作り方

1 下ごしらえ
白菜を洗い、葉の間にベーコンを挟む。

2 焼く
220℃のトースターで20分焼き、時々向きを変えて、全体がしんなりとしたら皿に取り出す。

3 仕上げ
シーザー風ドレッシングを混ぜて**2**にかけ、パセリを散らす。

POINT ベーコンはブロックで購入し分厚く切るのがおすすめです

スパムおにぎり

ターメリックライスでカレー味

材料（3個分）

ターメリックライス
米…1合
ターメリック…小さじ1

スパム…1/2缶
卵…1個
砂糖…小さじ1
カレー粉…少々
海苔（細く切る）…3枚
イタリアンパセリ…少々

作り方

1 炊飯
ターメリックライスを炊く。炊飯器の内釜に研いだ米とターメリックを入れ、1合の目盛りまで水を入れてかるく混ぜ、炊飯する。

2 焼く
ボウルに卵を割り入れて溶きほぐし、砂糖を加えて混ぜる。サラダ油（分量外）をうすくひいた卵焼き器に流し入れて薄焼き卵を作る。両面を焼いたら皿などに取り出し、片面にカレー粉をかける。スパムと同じ大きさになるように切り分けておく。

3 焼く
2のスパムを3枚分切り分け、両面をこんがりと焼く。

4 仕上げ
スパムの缶にラップをしき、**1**を詰めてスプーンでぎゅっとおさえる。**2**と**3**を重ねて、海苔で巻く。仕上げにイタリアンパセリを飾る。

POINT
スパムの缶を使ってライスを固めに握ると美しく、食べやすい

スパムの缶を使えば、初めてでも簡単に
美しいスパムおにぎりが作れるよ

Rei's comment

大葉つくね串&
みそ漬け卵

コリコリ軟骨とねっとり卵の共演

大葉つくね串

Rei's comment
居酒屋で絶対頼む定番メニュー！
とろけるチーズや明太マヨなどアレンジ可能◎

材料（2個分）

つくね
鶏ひき肉…100g
鳥軟骨（粗みじん切り）…3個
片栗粉…大さじ1
白みそ…小さじ1
おろし生姜…小さじ1
塩・コショウ…少々

サラダ油 …大さじ1
酒 …大さじ2

めんつゆ…大さじ2
ごま油…大さじ2
唐辛子…1本
白ごま…少々
大葉…5枚

POINT 竹串を2本さすとお店のような見た目に大変身！

作り方

1 漬ける
めんつゆ、ごま油、唐辛子、白ごまを混ぜ合わせたところに大葉を漬けておく。

2 混ぜる
ボウルにつくねの材料を入れてよく混ぜ、2等分して成形する

3 焼く
フライパンにサラダ油をひいて中火で熱し、**2**の両面を焼く。焼き色がついたら酒を回し入れて蓋をしめ、3分ほど蒸し焼きにする。

4 仕上げ
肉に火が通ったら竹串をさして皿にのせ、**1**の大葉を貼り付ける。

みそ漬け卵

材料（2個分）

卵黄…2個
みそ…適量
みりん…適量

POINT 漬け込み時間は2〜4日間程度が一番おいしい。早めに食べ切って

作り方

1 漬ける
みそとみりんを同量ずつ混ぜくぼみを作り、卵黄を落とし、冷蔵庫に入れて漬けておく。

2 取り出す
水分が抜けてひとまわり小さくなったら、そっと取り出す。

column

早朝の幸せ

足立市場レポート

足立市場はとってもいいところ。
普段はなかなか買えない、大きくて新鮮な食材を存分に味わって！

近くにお住まいの方は、昔からご存知でしょう。初めて聞いた！という方もちょっと読んでいってくださいな。

足立市場は、飲食店経営者ではない一般の方も歓迎してくださる市場です。ホームページのカレンダーで休開市日を確認しましょう。前日は早めに寝て、当日の朝は早く起きましょう。思っていたよりたくさん買い物をしても困らないように、必ず冷蔵庫の中はスペースを開けておきましょう。最後にできればクーラーボックス、それか保冷バッグを持っていざ出発。

場内では、魚を運ぶターレットトラックが走っています。後方には注意して、トラックが来たらさっと道を譲ってください。小売してくれるところも多いから、お買い物が楽しいですよ！わからないことがあったら、勇気を出してお店の方に聞いてみます。市場でのお買い物の経験がない方でも、足立市場なら心から楽しめることでしょう。

新鮮なお魚にお野菜、普段は手の出ない高級な食材も、市場で見るとなんでも欲しくなってしまうもの。私がよくお買い物をするのは、大内商店さん。お店のSNSでその日の目玉が一目でわかるところが、とてもありがたいです。出発前にリサーチをして、場内で魚がどんな風に売られているのかを見て、何を買うか考えます。魚を食べる楽しさが何倍にもなりますね。

帰りは、場内にある食事処で一休み。八戸ラーメンと新鮮な魚がのった海鮮丼のセットに舌鼓。早起きしたから味わえる、幸せな一日の始まりです。

写真／柳沢武史

INFORMATION
千住の魚河岸　足立市場　住所　〒120-0038　東京都足立区千住橋戸町50
電話　03-3879-2750　営業時間　6:00頃～10:00頃　一般開放日はホームページをご確認ください
大内商店 Instagram　ouchi.fishers

ウニ
66P
アジ
62P
マグロのすきみ
70P
まぐろ
すきみ
株式会社そうしん
エリンギ
24P
HOKTO
エリンギ
シャインマスカット
シャインマスカット
42P
仕入れた食材たち
ホタテ
64P
かぶ
77P
イワシ
68P
豚バラブロック
52P
¥1362
トロ
99Pの保存方法を
試してみてね
魚が食べたくなってきた……▶

Majyokko Rei's
AWESOME IZAKAYA RECIPES

05

足立市場の
お魚レシピ

新鮮なアジで作る

半生アジフライ

Rei's comment

衣がカラッと揚がる温度が大事。
ソースの前に醤油とわさびで食べて

材料

アジ…2尾

マヨネーズ
パン粉
揚げ油 …各適量

キャベツ（千切り）…1/6個
ソース、マヨネーズ、からしなど…お好みで

作り方

1 下ごしらえ
アジは腹開きにして塩（分量外・少々）を振り、出てきた水分をキッチンペーパーで拭き取る。

2 衣づけ
両面にマヨネーズを塗ってパン粉をつける。

3 揚げる
180℃の揚げ油で2分揚げる。

4 盛り付け
皿に盛ってキャベツを添える。

POINT
マヨネーズ＋パン粉で衣づけを時短。洗い物も少なくなります

Rei's comment

分厚いホタテが手に入ったらバルサミコソースで食べて！

市場の大きいホタテで

ホタテのカルパッチョ

POINT
皿と一緒にカトラリーも冷やしておくと、ワインがすすみます

材料

刺身用ホタテ貝柱…適量

バルサミコソース（P36）

ピンクペッパー
ベビーリーフ…各少々

作り方

1 下ごしらえ
刺身用ホタテ貝柱を横半分にスライスし、皿に並べてラップをかけ、冷蔵庫に入れて冷やしておく。

2 味つけ
バルサミコソース（P36）をよく混ぜて乳化させ、1にかける。

3 仕上げ
ピンクペッパーを散らし、ベビーリーフを飾る。

広島名物

ウニほうれん草

材料

生ウニ瓶詰め…1/2本
ほうれん草（ざく切り）…1束
卵…1個
オリーブオイル…大さじ2
バター…30g
塩
粗びき黒コショウ…各少々

刺身醤油…お好みで

作り方

1 焼く
フライパンにオリーブオイルをひいて中火で熱し、卵を割り入れて目玉焼きを作る。半熟状になったら皿などに取り出す。

POINT
目玉焼きの代わりに温泉卵でも◎

2 炒める
そのままのフライパンにバターを入れて溶かし、ほうれん草を入れ、塩と粗びき黒コショウを振って、しんなりするまで炒める。

3 盛り付け
2を皿に盛って**1**と生ウニを添え、粗びき黒コショウをたっぷりかける。卵とウニをくずしながらいただく。お好みで刺身醤油をかける。

Rei's comment

バターが決め手！一度食べたら夢中になる。バケットと食べたい

お酒がぐいぐい飲める魚串。
柚子コショウでレベルアップ

Rei's comment

すぐできるのにご馳走感◎

イワシの大葉チーズ巻き

POINT
大葉の代わりにバジルを使った、洋風アレンジもぜひ！

材料

イワシ…2尾
カマンベールチーズ…2切
大葉…4枚

作り方

1 下ごしらえ
イワシは三枚におろして塩（分量外・少々）を振り、出てきた水分をキッチンペーパーで拭き取る。

2 巻く
カマンベールチーズを半分にちぎり、それぞれ大葉で包む。1の皮を外側にして巻き、巻き終わりを爪楊枝で止める。

3 焼く
200℃のトースターで5〜7分焼く。

みんな大好き

トロたく巻き

Rei's comment

米とマグロは１：９で。
たくあんは細く切ったものを何本か入れると歯応えが楽しい

材料

マグロすきみ
マヨネーズ
たくあん（粗みじん切り）
ごはん
焼き海苔 …各適量

作り方

1 混ぜる
マグロすきみにマヨネーズを混ぜる。

2 のせる
巻き簾の上に焼き海苔をのせ、奥側を1cmあけてごはんをうすくしき、手前側にたくあんをのせる。

3 巻く
1をたっぷりとのせて巻き、濡らした包丁で切り分ける。

POINT
マグロとマヨネーズを混ぜることでトロのような味わいに

column

好きな酒選手権

Favorite Alcohol Championship

IPA

肉料理に合わせた、苦みのしっかりしたビール・IPA。ビール好きの皆さん、セブン-イレブン横浜ハンマーヘッド店はご存知ですか？　ここの棚は、定番商品から日本ではなかなか見かけない銘柄まで、ざっと300、いや400種類？　とにかく圧巻の品揃え。一度は足を運んで欲しい、モンスターコンビニです。

フルーツサワー

市販の缶チューハイからワンランクアップしたい夜は、フルーツを買って帰るのはどうですか？　パイナップルは半分に割ってスクイーザーでしぼれば、サワー2〜3杯分に。フルーツをしぼったジュースに焼酎と氷、少しだけ炭酸水を入れて好みの甘さに調整します。定番の生搾りレモン、彩り鮮やかなピンクグレープフルーツ、美肌を願ってキウイフルーツ。焼酎には、どんなフルーツも合いますね。

トマトジュース割り

お酒と言うより冷製スープのようで、おつまみがなくても永遠に飲み続けられます。P18でも紹介した漬け込み酒「にんにく唐辛子」の焼酎をトマトジュースで割った、にんにく唐辛子のトマトジュース割りがお気に入り。普段の焼酎をトマトジュースで割って、雑にタバスコと黒コショウを振って飲むことも。

ふしぎなシロップ

京成立石のもつ焼き屋で、グラスに注いだ焼酎に氷もソーダも入れず、「うめ」シロップを加える粋な飲み方を知りました。その後、堀切菖蒲園の居酒屋で下町ハイボールに出会いました。琥珀色なのにウイスキーは入っておらず甘酸っぱい。正体を調べたら「天羽の梅」のシロップだったのです。

BARISTA
2018 PINOTAGE
SOUTH AFRICA

お手頃ワイン

詳しくないお酒も勉強したいという気持ちで開いた“ワインの会”で、すっかり虜に。近所のスーパーや酒屋で1000円ほどで買えるワインを探すのが趣味になりました。最近気に入っているのは、バリスタピノタージュ。濃いローストの香りがコーヒーをイメージさせます。ほかの南アフリカのワインも気になる。

きゅうりのそばサラダ

材料

きゅうり（千切り）…1/2本
そば（乾麺）…20g

マヨネーズ…小さじ1
めんつゆ…小さじ1
白すりごま…少々
青のり…少々

刻み海苔
七味唐辛子…各適量

POINT 味がぼやけないよう、そばの水気をしっかりと拭き取ります

作り方

1 茹でる
そばを茹でて流水でよく洗って冷やしたら、キッチンペーパーなどでしっかりと水気を切る。

2 和える
ボウルに1ときゅうりを入れ、マヨネーズ、めんつゆ、白すりごま、青のりを加えてよく混ぜる。

3 盛り付け
皿に盛って刻み海苔をのせ、七味唐辛子をかける。

きゅうりのナンプラー炒め

炒めたきゅうり推し

Rei's comment
冷たいお酒に合わせるなら、
あつあつのきゅうりもあり

材料

きゅうり（乱切り）…1/2本
むきえび…5尾

オリーブオイル…大さじ1
ナンプラー…少々
塩…少々

POINT じっくりと焼いてきゅうりのおいしさを感じてください

作り方

1 焼く
フライパンにオリーブオイルをひいて弱火で熱し、きゅうりを焼く。

2 味つけ
全体に焼き色がついたらむきえびを加えてさっと炒め、ナンプラーと塩で味を調える。

材料

鶏もも肉（一口大）…1枚
れんこん…15cm
長ねぎ（4cm幅斜め切り）…1本
にんじん（輪切り）…4枚

水…600ml
鶏がらスープ…大さじ1
酒…大さじ1
塩…少々

ポン酢…お好みで

作り方

1 煮る
鍋に全ての材料を入れて中火にかけ、肉に火が通るまで煮る。

2 盛り付け
器によそい、お好みでポン酢をかけていただく。

POINT れんこんはおろしだけでなく細切りも入れて食感にメリハリを

かぶのふろふき

甘めの赤みそだれで食べる

Rei's comment
やわらかく煮たかぶとしっとり煮たかぶの葉の彩りが綺麗！上品な味

材料

かぶ…3個
水…適量
昆布…5cm

みそだれ
赤みそ
みりん
砂糖
だしの素…各適量

POINT 大きいかぶを使う場合は、十字に隠し包丁を入れてみてください

作り方

1 下ごしらえ
かぶは皮をむいて昆布とともに小鍋に入れ、かぶるくらいの水を入れて中火にかける。葉は5cm幅に切り分ける。

2 煮る
ひと煮立ちしたら弱火にし、10分煮る。かぶがやわらかくなったら葉を加え、さっと煮て取り出し、水気を絞る。

3 盛り付け
皿に盛って、みそだれの材料を混ぜ合わせ、かぶにのせる。

かぶらむし

雲のようにふわふわに膨らむ

材料

豚もも肉（薄切り）…80g

つゆ

水…300ml　みりん…大さじ2
醤油…大さじ1　酒…大さじ1
だしの素…小さじ1/2

かぶ…1/2個　卵白…1個
片栗粉…小さじ1　塩…ひとつまみ

山椒の葉…少々

作り方

1 煮る
小鍋につゆの材料を入れて中火にかけ、ひと煮立ちしたら弱火にして豚もも肉を広げて入れ、アクを取りながら肉に火が通るまで煮る。

2 泡立てる
ボウルに卵白と塩を入れて泡立てる。ツノが立つまで泡立てたら、すりおろしたかぶと片栗粉を加え、気泡を潰さないようにそっと混ぜ合わせる。

3 蒸す
クッキングシートに**2**を間隔をあけながらスプーンで丸く落とし、蒸し器に入れて10分ほど蒸す。大きく膨らんだら火を止める。

4 盛り付け
器に**1**の豚肉を盛って**3**をのせる。つゆを回しかけ、山椒の葉を飾る。

POINT

豚肉を煮る前に卵白を冷凍庫に入れておくと泡立てやすくなります

ふわっとした食感にだしが染みる～
日本酒と合わせて和を感じよう
Rei's comment

材料

ブロッコリー（小房に分ける）…1/2株
キャベツ（ざく切り）…2枚
玉ねぎ（みじん切り）…大さじ2

オリーブオイル…大さじ2
アンチョビペースト…大さじ1
粗びき黒コショウ…各適量

作り方

1 下ごしらえ
耐熱容器にキャベツをしきつめ、ブロッコリーをのせ、玉ねぎを散らす。

2 味つけ
オリーブオイルとアンチョビペーストを混ぜて1に回しかける。

3 焼く
200℃のオーブンで13-15分焼き、ブロッコリーに火が通ったら取り出して、粗びき黒コショウをたっぷりとかける。

\!/ POINT オーブンでほったらかしている間に、もう一品ツマミが作れちゃう

ブロッコリーのグリル

アンチョビペーストで味付け

ほったらかし楽ちんレシピ。じっくりグリルして野菜のうま味を閉じ込める

Rei's comment

ブロッコリーの芯のごま和え

電子レンジでたったの2分

実は、ブロッコリーの芯の
一番簡単でおいしい食べ方……

Rei's comment

材料

ブロッコリーの茎…1株分

水…小さじ1
鶏がらスープの素…小さじ1/2
白ごま…小さじ1/2

POINT カリフラワーの芯や根菜類が余ったときにもぴったり

作り方

1 下ごしらえ

ブロッコリーの茎はまわりの固い部分をむき、内側のやわらかい部分を千切りにする。

2 電子レンジ

耐熱容器に1を入れて鶏がらスープの素と白ごまを振りかけ、水を回しかける。ラップをかけて、600Wの電子レンジで2分加熱し、よく混ぜ合わせる。

食卓に花が咲く

フラワーサラダ

材料

ズッキーニ（緑・黄）…各1/3本

バルサミコソース（P36）

作り方

1 下ごしらえ
ズッキーニはスライサーで薄切りに、塩水に5分ほど漬ける。

2 盛り付け
色が交互になるように皿に並べる。

3 仕上げ
バルサミコソース（P36）を回しかける。

POINT
ズッキーニを塩水につけやわらかくすると、ドレッシングとなじむ

Rei's comment
宅飲みにぴったり！ワインがたくさん飲めちゃうよ

Rei's comment

パパッと作れてとてもおいしい。泡盛や焼酎と一緒に

沖縄の居酒屋の味

ゴーヤのナムル

POINT

味をなじみやすくするため、ゴーヤとミミガーは厚さをそろえて切りましょう

材料

ゴーヤ（半月・薄切り）…1/3本
砂糖…少々

ミミガー（薄切り）
ごま油
おろしにんにく
だしの素
塩
白ごま…各適量

作り方

1 下ごしらえ
ボウルにゴーヤと砂糖を入れてかるくもむ。

2 和える
残りの材料を入れて混ぜ合わせ、味を調える。

column

外食のような見た目に一歩近づく

キッチン道具

貝印のターナー

紙のように薄いステンレスターナーは、キッチンになくてはならない存在。フライパンにつきやすいパンケーキも、ハンバーグもすいすい！ノンストレスです。貝印のSELECT100™はどれも便利。

貝印のT型ピーラー

少し右上がりに傾いていて使い勝手がよく、使用後も洗いやすいシンプルなピーラーがお気に入り。皮をむくだけではなく、かつらむき風の薄い大根やにんじんもすぐに用意できます。

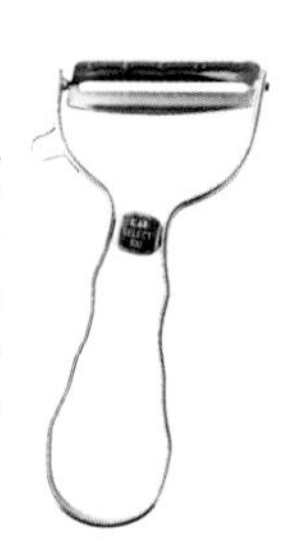

ゼスターグレーター

無農薬レモンの皮を削って酎ハイに散らしたり、サラダに振りかけたりと、とっても便利。チーズをブロックで買ってきて料理に削りかけると、お店のような見た目と味に近づきます。

関孫六のスライサー

スライサーを買うときは、大きめがおすすめ。大きければキャベツの千切りもらくらくです。きゅうり、にんじん、ズッキーニ、何でもスライスして、あっという間にサラダを作ります。

関孫六のおろし器

大きな受け皿がついたものなら、大根おろしもらくちん。きゅうりをすって茹でた豚肉に添えたり、にんじんをすってジュースに混ぜたり……工夫次第で料理の幅も広がります。

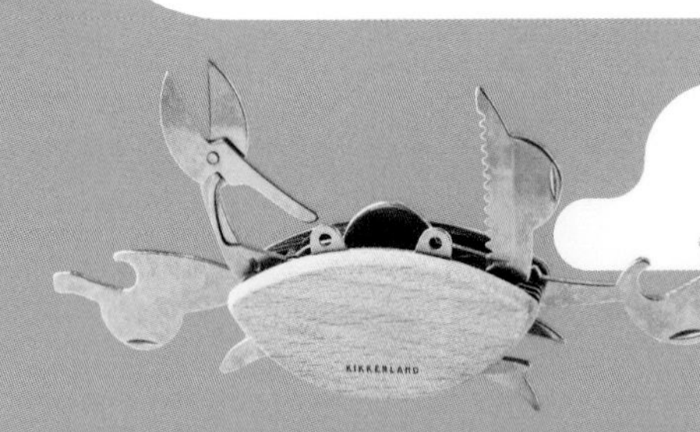

毎日出動する相棒たち

ここぞというときに
テンション上がる道具

ピザマシーン

メモリで焼き加減を調整しやすい電気タイプ。生地さえ用意すれば、あとはお好みのトッピングとチーズをのせて焼き上がりを待つだけ。回転しながら焼くので、外はカリッと中はふわふわ！

自家製製麺機

玉置標本さんと、トーカイ麺機さんからお借りしている小野式の製麺機です。自家製の中華麺を一度味わうと後戻りできません。スープに合わせて小麦粉を変えてみたり、麺の太さを変えてみたりと楽しい。

ミニ七輪

お誕生日プレゼントとしていただいてから、すっかりお気に入りになりました。軽々と持てるミニサイズ！なのに、焼肉も浜焼きもしっかり焼けます。炭火で焼くとなんでもおいしくなります。

低温調理器

買ってよかったもの堂々の第一位は、Hismileの低温調理器です。安い鶏砂肝も、にんにく、オリーブオイル、塩と一緒に低温調理するとプリプリに仕上がります。ほったらかしで完成するのも魅力の一つ。

Majyokko Rei's
AWESOME IZAKAYA RECIPES

07

そろそろシメたい
炭水化物レシピ

かけるだけ！

煮干しの粉とバターのパスタ

材料（1人分）

パスタ…100g
コンソメキューブ（刻む）…1/2個
バター…10g

煮干し粉…適量
バター（仕上げ用）…10g

作り方

1 茹でる
塩（分量外）を入れた湯でパスタを茹で、水気を切る。

2 和える
フライパンに1の茹で汁をお玉1杯分入れ、コンソメキューブとバターを入れて中火にかけて溶かし、パスタを加える。

3 盛り付け
水分を吸うまで混ぜたら皿に盛り、煮干し粉をたっぷりと振りかけ、バターをのせる。

POINT
お湯の塩加減は、海水くらいちゃんと塩味を感じる程度が◎

Rei's comment

まさかの煮干しの粉で……。嘘みたいにシンプルで、ワインにも相性ばつぐん。天にも昇るおいしさです

Rei's comment

ブロッコリーのやわらかい部分だけ刻んで大量に入れます。お酒が飲めるパスタ

くたくたブロッコリーが活躍

ブロッコリーだけ ペペロンチーノ

材料（1人分）

パスタ…100g
ブロッコリー（蕾の部分・みじん切り）…1/2株
にんにく（みじん切り）…1片
唐辛子…1本
オリーブオイル…大さじ2
醤油…小さじ2

作り方

1 茹でる
塩（分量外）を入れた湯でパスタを茹で、水気を切る。

2 和える
フライパンにオリーブオイル、にんにく、唐辛子を入れて弱火で熱し、香りが立ったらブロッコリーを入れて炒める。1の茹で汁をお玉1杯分入れ、よく混ぜてソースが乳化したらパスタを加え、よく和える。

POINT
ブロッコリーがしんなりするまでよく炒めましょう

ブルーチーズきのこパスタ

チーズのコクがアクセントに

材料（1人分）

パスタ…100g
しいたけ…2個
エリンギ…1本
ブラウンマッシュルーム…3個

オリーブオイル…大さじ2
ブルーチーズ（ちぎる）…15g
塩…少々

パセリ（みじん切り）…適量

作り方

1 下ごしらえ
きのこ類は薄切りにする。

2 茹でる
塩（分量外）を入れた湯でパスタを茹で、水気を切る。

3 和える
フライパンにオリーブオイルとブルーチーズの半量を入れて弱火にかける。ブルーチーズが溶けたら**1**を加えて炒め、しんなりしたら**2**の茹で汁とパスタを加えて和える。

きのこは好きなものでOK！

4 盛り付け
皿に盛って、残りのブルーチーズとパセリを散らす。

きのこたっぷり。
ブルーチーズが最高です
Rei's comment

Rei's comment

豚バラ肉を使って時短調理。きりっとしたしょうゆスープと生のたまねぎが至高です

夜鳴きラーメン

飲んだ帰りに食べたくなる

材料（1人分）

豚バラ肉（薄切り）…3枚
水…300ml
醤油…大さじ3
みりん…大さじ1
うま味調味料…小さじ1/2

中華麺…100g

玉ねぎ（粗みじん切り）…大さじ2
粗びき黒コショウ…少々

作り方

1 煮る
豚バラ肉を一口大に切って小鍋に入れ、水、醤油、みりん、うま味調味料を加えて中火にかけ、ひと煮立ちさせる。

2 茹でる
中華麺を茹でて湯切りし、丼に入れたら、**1**を注ぎ入れる。

3 仕上げ
玉ねぎをのせて、粗びき黒コショウをたっぷりかける。

POINT
玉ねぎは水にさらさず、辛味とシャキシャキ食感をアクセントに

何度でも食べたくなる

くるみとたくあんのおにぎり

Rei's comment
この組み合わせがお気に入り！お弁当にぴったりです

材料（1個分）

ごはん…200g
くるみ（粗みじん切り）…5粒
たくあん（粗みじん切り）…3枚

POINT くるみの食感を楽しむために、食べる直前に握りましょう

作り方

1 混ぜる
温かいごはんにくるみとたくあんを加えて混ぜる。

2 握る
好みの大きさに握る。

大葉とカマンベールチーズのおにぎり

酒が飲めるおにぎり

材料

ごはん…200g
カマンベールチーズ…1切
大葉…2枚
白ごま…少々
醤油…少々

POINT 大葉は包丁で刻むよりも手でちぎったほうが香り高くなります

作り方

1 **混ぜる**
温かいごはんにカマンベールチーズと大葉をちぎって加え、白ごま、醤油も加えて混ぜる。

2 **握る**
好みの大きさに握る。

Rei's comment
さっぱりとした大葉とカマンベールチーズで酒飲みが好きな飯

葉っぱ飯

10秒茹でたクレソンで作る

材料（1人分）

ごはん…200g
クレソン…1/2束
塩…少々

＼!／ POINT クレソンの代わりに大根やかぶの葉でも食べやすいです

作り方

1 茹でる
鍋に湯をわかしてクレソンを入れ、10秒茹でて取り出し、粗みじん切りにする。

2 混ぜる
温かいごはんに1と塩を加えて混ぜる。

もっとおいしく。

憧れの業務用

皆さん、テンポスをご存知ですか？　業務用の調理器具や食器を取り扱う、店舗用品の販売店です。一般の方も、無料の会員登録をすればお買い物が楽しめますよ。

プロが使う魔法の道具のようなものばかりですが、なかでもあっと驚いた商品がこの「ピチット浸透圧脱水シート」。透明のシートで包めば、塩を使わなくても刺身や生肉の水を抜いて生臭さをとり、うま味を濃縮してくれる効果があるんです。便利すぎて、常にストックが家にあるようにしています。

ホタテの刺身やトロのサクも、シートに包み冷蔵庫で1時間半待てば、生臭さが少なくなり、身がしまってまるで生まれ変わったかのよう。焼き魚にする魚は、うろこを取って塩を振ってシートに包み、冷蔵庫で3時間～半日置けば、表面がパリッと焼けてうま味も濃くなります。

さらに嬉しいことに、ピチットシートがあれば一年中いつでも一夜干しが作れてしまうのです！　さばいたアジやさばをシートに包み、冷蔵庫で約12～20時間。やわらかくうま味のある一夜干しが完成です。

Majyokko Rei's
AWESOME IZAKAYA RECIPES

08

二日酔いの朝には
みそ汁を

かぶつきなめこ×大根おろし

居酒屋で味わったみそ汁

絹豆腐を入れてもおいしい！
〆にもつまみにもなるみそ汁

Rei's comment

サバの水煮×なす

サバ缶ですぐに作れる

Rei's comment

サバ缶の油分をほどよく
なすが吸ってくれます

あおさ×バター

ほっとするおいしさ

Rei's comment

みそ汁にバターを少し加えるだけで
料亭のような味わいになります

かぶつきなめこ×大根おろし

材料（2人分）

水…500ml
だしの素…小さじ1

大根おろし…100g
かぶつきなめこ…大さじ2
みそ…大さじ2

作り方

1 煮る
鍋に水とだしの素を入れて中火にかけ、ひと煮立ちしたらかぶつきなめこと大根おろしを加えてさっと煮る。

2 味つけ
火を止めてみそを溶き入れ、お椀に注ぐ。

POINT あれば大根の葉も刻んで入れると栄養価アップ！

サバの水煮×なす

材料（2人分）

水…500ml

サバ水煮缶…1缶
なす（1cm幅輪切り）…1本
みそ…大さじ2

青ねぎ（小口切り）…少々

作り方

1 煮る
鍋にサバ水煮缶（汁ごと）を入れて中火にかけ、ひと煮立ちしたらなすを加え、しんなりするまで煮る。

2 味つけ
火を止めてみそを溶き入れる。

3 仕上げ
お椀に注ぎ、青ねぎを散らす。

POINT うま味の詰まったサバ缶を汁ごと使うので、だし汁不要

あおさ×バター

材料（2人分）

水…500ml
だしの素…小さじ1

あおさ海苔…大さじ3
バター…20g
みそ…大さじ2

作り方

1 煮る
鍋に水とだしの素を入れて中火にかけ、ひと煮立ちしたらあおさ海苔を加えて煮る。

2 味つけ
火を止めてみそを溶き入れる。

3 仕上げ
お椀に注ぎ、バターをのせて溶かしながらいただく。

POINT バターを最後に入れることで風味よく

キャベツ×天かす

お酒のあとの定番

Rei's comment

油揚げもおいしいけれど、天かすは
それより軽くすぐにコクがアップ

トマト×溶き卵

どちらもとろとろ

Rei's comment

加熱すると柔らかくなるトマトと
溶き卵で優しい味

キャベツ×天かす

材料（2人分）

水…500ml
だしの素…小さじ1

キャベツ（ざく切り）…ふたつかみ
みそ…大さじ2
天かす…大さじ2

POINT キャベツは切って冷凍しておくと汁物に放り込めて便利です

作り方

1 煮る
鍋に水、だしの素、キャベツの芯を入れて中火にかけ、ひと煮立ちしたらキャベツの葉を加え、しんなりするまで煮る。

2 味つけ
火を止めてみそを溶き入れる。

3 仕上げ
お椀に注ぎ、天かすを散らす。

トマト×とき卵

材料（2人分）

水…500ml
中華だしの素…小さじ1

トマト（くし形切り）…1個
ごま油…小さじ1

卵…1個
水溶き片栗粉…大さじ2

酢
粗びき黒コショウ
ラー油…各少々

POINT 汁にとろみをつけてから卵を入れるとふわふわに仕上がります

作り方

1 炒める
鍋にごま油をひいて中火で熱し、トマトを炒める。

2 煮る
トマトがしんなりしたら水と中華だしの素を加え、ひと煮立ちしたら水溶き片栗粉を加えてとろみをつける。

3 仕上げ
沸騰直前まで温め、溶き卵を細く回し入れて火を止める。

4 味つけ
酢、粗びき黒コショウ、ラー油で味を調え、お椀に注ぐ。

column

家の皿と箸置きぜんぶ見る

すてきな皿があると料理が楽しくなるとよく耳にするが、それは本当である。
特に決まりはなく、自由気ままにその時の気分で買っている。

皿 Dish

今日のお昼ごはんが、じゃこと青菜をただごま油と醤油で炒めた青菜炒めだったとしても、きれいな模様の中華皿に盛り付けると、ご馳走を作った気分になります。買い物は有名どころだと、かっぱ橋道具街がいい。中古食器を取り扱うお店で居酒屋風のお皿を集めたり、骨董市でポップなイギリスのお皿やギリシャのお土産物など、異国のお皿を買うのも好き。

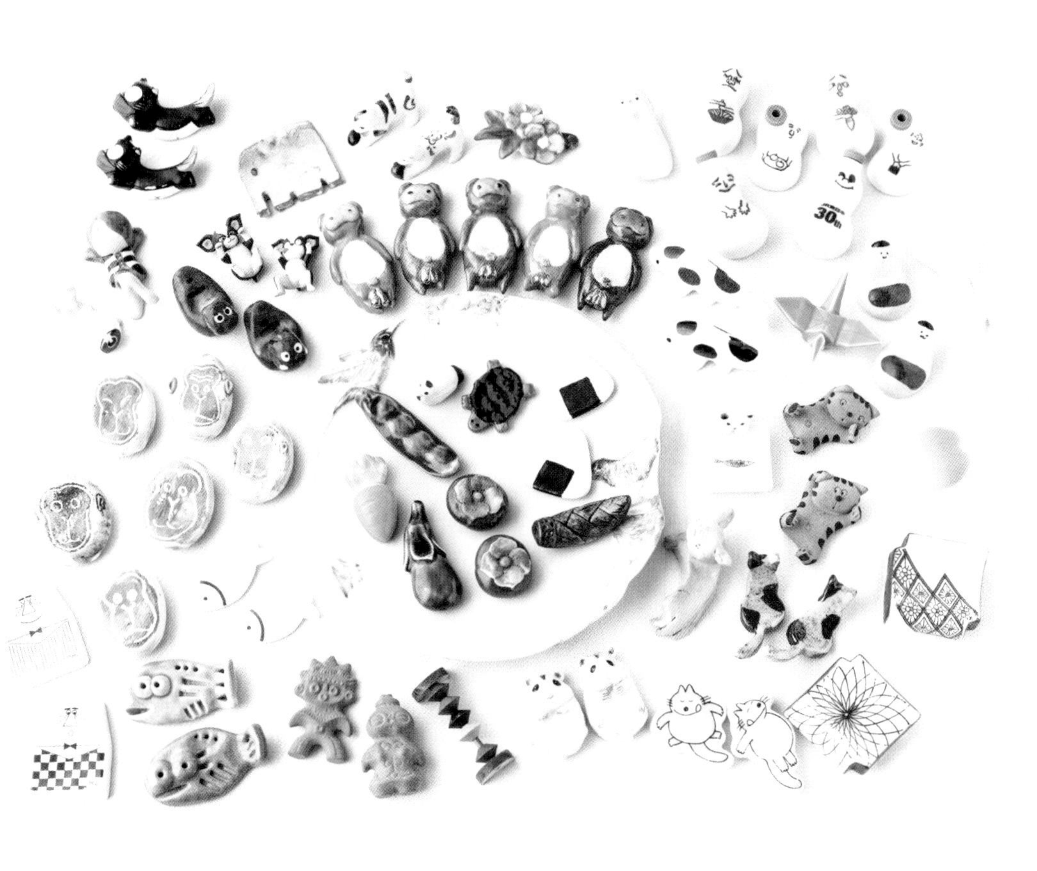

箸置き
Chopstick rest

出掛け先で見つけては買ってを繰り返していたらどんどん増えてしまいました。5つぐらいあれば十分なのかもしれないけど、一つ一つに思い出がある。引き出しを開けて「今日はどの子にしよう」なんて言いながら選ぶのが楽しい。一番のお気に入りは、たんたん狸の金玉が金色に塗られているもの。箸置きは、小さいから大人でもかわいいものを選んでいい。

おわりに

料理をするようになったのは、ほんの数年前。
それまで、食べることは好きだけど「自分ではおいしく作れない」と諦めて、大人しく外食をしていました。けれどあるとき、自分にとって悲しいことがあり、しばらくの間、何もする気が起きなくなってしまったのです。

困ったのは一日に3回も発生するイベント"食事"です。いかんせん外食する気力も失われてしまったので、始めは出前を使うも、どんどんお金が尽きていく。食事は一日に1回、ただお腹を満たす作業に変わっていきました。

痩せていく私を心配した友人が、池袋に連れ出してラーメン二郎をご馳走してくれました。そこで初めて食べた二郎に衝撃を受けました。ただただおいしい。今までの「おいしい」とは、種類が違う。脳内が「おいしい」で満たされる。そんな感覚を味わったのです。

あの日の二郎から、あの味をどうしたら再現できるのか？　料理はどうすればおいしくなるのか？　と考えるようになり、食の楽しさと奥深さに興味を持ち、何かに取り憑かれたように料理にのめり込みました。ほぼ毎日料理をするようになった今は、手を抜くところは抜いて、身体の健康も意識しつつ、日々の食事を楽しんでいこうと自分を甘やかしています。

だから、どんなレシピ本を作りたいか考えたときに、
・気楽に始めることができる
・たくさんの材料は必要ない
・短時間で作れるのに、そのおいしさに喜びを感じられる
・ふと思い出し、何度でも作りたくなる
これらを軸にしようと思いました。

「今夜のご飯はどうしよう」「今日の晩酌はちょっとおいしいものが食べたいな」「なんだか何も思いつかない」……。そんなときに、この本があなたの近くにあることを思い出してくれたら、私は嬉しいです。

魔女っこれい

index

主な食材索引

冷蔵庫に余りがあったり、この食材が食べたい！って気分のときに使ってね

魔女っこれい

足立区在住の酒飲み。シメのラーメンが大好物。最近、ビールを樽で買うことを覚えてしまった。飲みイベントを不定期実施。
Twitter:@majyokkorei

自宅が10分で居酒屋に！
魔女っこれいの絶品おつまみレシピ

発行日　2021年9月30日　初版第1刷発行

著　者　魔女っこれい

発行者　久保田榮一
発行所　株式会社 扶桑社
〒105-8070　東京都港区芝浦1-1-1　浜松町ビルディング
（編　集）TEL 03-6368-8870
（郵便室）TEL 03-6368-8891
www.fusosha.co.jp
印刷・製本　凸版印刷株式会社

ISBN978-4-594-08947-4

Staff

装丁・デザイン：山田益弘
スタイリング：高橋ゆい
調理補助：山崎翔子
写真：山川修一
編集：和田まおみ